SOCIÉTÉ AMICALE
ET
Philanthropique
Fondée par A. DOCQUET
en 1898

# 9ᵉ CONCOURS
## PROFESSIONNEL ET D'ALIMENTATION

ORGANISÉ

PAR UN COMITÉ DE CHEFS DE CUISINE
LA SOCIÉTÉ DES CUISINIERS DE PARIS
LA SOCIÉTÉ DES MAITRES D'HOTELS FRANÇAIS
ET DE NOTABLES COMMERÇANTS

Sous la Présidence d'Honneur de M. CABARET, C. ✳

*Directeur au Ministère de l'Agriculture*

et la présidence effective de M. BARBERET, O. ✳

Directeur de la Mutualité

au Ministère de l'Intérieur.

# CATALOGUE OFFICIEL

## 7, 8 et 9 Avril 1906

## CONCERT

Sous la Direction de M. Georges STOESSER

PIANO DE LA MAISON GAVEAU

# Salon Culinaire

**SOCIÉTÉ AMICALE**

ET

Philanthropique

Fondée par A. DOCQUET

en 1898

# 9ᵉ CONCOURS

## PROFESSIONNEL

### ET D'ALIMENTATION

ORGANISÉ

PAR UN COMITÉ DE CHEFS DE CUISINE

LA SOCIÉTÉ DES CUISINIERS DE PARIS

LA SOCIÉTÉ DES MAITRES D'HOTELS FRANÇAIS

ET DE NOTABLES COMMERÇANTS

Sous la Présidence d'Honneur de M. CABARET, C. ✳

*Directeur au Ministère de l'Agriculture*

et la présidence effective de M. BARBERET, O. ✳

Directeur de la Mutualité

au Ministère de l'Intérieur.

# CATALOGUE OFFICIEL

*7, 8 et 9 Avril 1906*



## CONCERT

**Sous la Direction de M. Georges STOESSER**

PIANO DE LA MAISON GAVEAU

LA GAUFRE D'ALSACE
MARQUE DÉPOSÉE.

LE MULHOUSIEN
MARQUE DÉPOSÉE

# Comité d'Honneur

MM. CABARET, C. ✳, *Directeur au Ministère de l'Agri-culture*.

A. DUTEY-HARISPE, O. ✳, *Administrateur-délégué du* " Petit Journal ".

L. FÉVÉ ⊛, *Président de la Société de Secours Mutuels* " La Persévérance ".

P. THIERCELIN ⊛, *Président d'Honneur de la Société de Secours Mutuels* " Les Amis de Saint-Laurent ".

L. MOURIER Ch. ✳, *Président de la Société de Secours Mutuels des* " Cuisiniers de Paris ".

E. VERCHAIN, *Président de la Société de Secours Mutuels des* " Maîtres d'Hôtels Français ".

A. GILLES ⊛, *Président d'honneur de la Société Amicale Philanthropique* " Le Salon Culinaire ".

PAILLARD, *Restaurateur*.

A. RENUCCI, *Négociant*.

# LA GENTIANE DUBOIS

## La plus Ancienne et la Meilleure

*Se boit mélangée au jus de cerises*

# HACHETTE & BERNARD

### Rue de l'Arbre-Sec

### DÉGUSTATION AU BUFFET

# Comité Effectif

MM.

G. SEVIN ⓜ, *Président.*

L. THOMAS, *Vice-Président.*

G. DELAFOY, *Vice-Président.*

G. SALAIN, *Secrétaire Général.*

P. MORENNE, *Secrétaire-Adjoint.*

E. GODINEAU, *Trésorier Général.*

L. HUBERT ⓜ, *Vérificateur.*

L. HOURÈS ⓜ, *Délégué de la Société des Cuisiniers de Paris.*

A. GAUTIER,    —    —    —    —

A. DELAND,    —    —    —    —

LÉVY,    —    —    —    —

# Membres du Jury

## Groupe Culinaire

MM. L. MOURIER, ✱, *Président d'honneur.*

L. ALÉPÉE, *Président.*

J. ROGER, *Vice-Président.*

ARÉZI, *Secrétaire.*

SOURIS.

ANCEAU.

FÉVÉ.

TESCHE.

MONTAGNÉ.

ROULLEAU.

DORÉ.

UBY.

COUSSÉGAL.

MARTIN, (M).

DECATALOGNE.

CHAPON, *Suppléant.*

CIEUTAT, *id.*

LEROY, *id.*

# Jury

de la

## Société des Maîtres d'Hôtel Français

MM. ROLLIN, *Président.*

MOREAU, Auguste.

BRUNEL, Jacques.

DHIE, Charles.

BRIANT, Alexandre.

PETIT, Eugène.

COCHET, Baptiste.

CARDON, Alexandre.

# Aux Visiteurs et aux Exposants
## DU 9ᵉ SALON

Persévérants vers leur but bien défini de Concours pratique, les organisateurs du *Salon Culinaire*, toujours en quête de solliciter l'expression du progrès, soucieux des principes immuables de la glorieuse Cuisine française, et respecteux des maîtres qui ont honoré la profession en l'élevant à la hauteur d'un art indispensable, remercient, au seuil de ce 9ᵉ concours, les visiteurs qui, par leur empressement et leur assiduité, encouragent, non seulement leurs efforts, mais leur assurant le succès, les obligent à chercher de toujours mieux faire.

Merci aussi à nos collaborateurs anonymes, ouvriers désintéressés de l'œuvre commune, qui, par leurs travaux savamment présentés et exécutés avec un soin jaloux, donnent à notre concours le rayonnement de leur éclat, digne auréole de la fête gastronomique que nous avons voulu organiser au nom de l'Art Culinaire et de la Charité.

Pour le Comité ;

*Le Président,*

G. SEVIN.

# DONS ET MÉDAILLES

## OFFERTS

## AUX LAURÉATS

# DONS ET MÉDAILLES OFFERTS AUX LAURÉATS

## DU

## 9ᵉ SALON CULINAIRE

1 Médaille d'Or pour un 1ᵉʳ Prix de Cuisine, par la Société de Secours Mutuels LA PERSÉVÉRANCE.

1 Médaille d'Or pour un 1ᵉʳ Prix de Pâtisserie, par la Société de Secours Mutuels LA PERSÉVÉRANCE.

1 Médaille d'Or ;

5 Médailles de Vermeil ;

5 Médailles d'Argent, par M. L. MOURIER, président de la *Société des Cuisiniers de Paris*.

1 Médaille d'Or ;

5 Médailles de Vermeil ;

5 Médailles d'Argent, par la SOCIÉTÉ DES CUISINIERS DE PARIS.

2 Médailles de Vermeil ;

2 Médailles d'Argent, par M. BARBIER.

1 Livret de Caisse d'épargne de 20 francs.

1 Médaille, par M. J. THIERCELIN.

1 Série de couteaux, par M. LEGRY.

1 Livret de Caisse d'épargne de 25 francs, par M. LAVOCAT, chef des cuisines de Monseigneur le Duc d'Orléans.

3 Médailles, par M. G. HARLAY.

1 Livret de Caisse d'épargne de 20 fr., par M. Ferdinand LHOPITAL.

1 Médaille, par M. SEVIN, président effectif de la Société *Le Salon culinaire*.

1 Médaille, par M. GILLES, président d'honneur de la Société *Le Salon culinaire*.

1 Médaille, par M. DELAFOY G., vice-président effectif de la Société *Le Salon culinaire*.

1 Médaille, par M. THOMAS, vice-président effectif de la Société *Le Salon culinaire*.

1 Médaille, par M. SALAIN, secrétaire général de la Société *Le Salon culinaire*.

1 Médaille, par M. MORENNE, secrétaire-adjoint de la Société *Le Salon culinaire*.

Médailles, par M. REDOUIN.

2 Médailles, par la Société universelle des Cuisiniers de Londres.

4 Médailles, par la Société Le Salon Culinaire.

12 Médailles, par les Membres des Comités de la Société *Le Salon culinaire*.

1 Objet d'art Tigre Grand feu de Dalpayrat, don de M. Verchain, président de la *Société des Maîtres d'hôtel Français.*

2 Médailles de Vermeil, par la Société des Maitres d'hôtel Français.

2 Médailles de Vermeil.

2 Médailles d'Argent, par M. Paillard.

3 Médailles, par M. Dumoget, Crémier-glacier, 15, rue d'Argenson.

2 Médailles, par un ami du Salon Culinaire.

2 Médailles.

2 Abonnements à l'*Art Culinaire*, par M. Margotin.

2 Médailles, par M. Guyot.

2 Médailles.

1 Abonnement à l'*Art Culinaire*, par un ami du Salon Culinaire.

2 Médailles.

1 Abonnement à l'*Art Culinaire*, par M. Cieutat.

1 Médaille de vermeil, par la Société de Secours Mutuels l'*Union de la Charcuterie.*

2 Médailles.

1 Abonnement à l'*Art Culinaire*, par M. Souris.

1 Gaine, par M. Malgat, 1, rue Coquillère.

2 Collections de l'*Art Culinaire*, par l'*Art Culinaire*.

2 Médailles.

1 Abonnement à l'*Art Culinaire*, par M. Dupré, Crémier, 5, rue Washington.

2 Médailles, par M. Méry.

2 Exemplaires *La Grande Cuisine*, de Prosper Salles et Montagné, (dons des auteurs).

2 Objets d'Art (don de M. Delaunay).

3 Médailles d'Or, par le Syndicat des Crémiers de Paris.

*Les Médailles décernées aux Lauréats, en plus de ces dons, seront offertes par la Société Amicale et Philantropique Le Salon culinaire.*

---

**Nota.** — Les dons et médailles sont catalogués suivant leur ordre d'inscription.

# PREMIÈRE EXPOSITION RETROSPECTIVE

(Enseignement Professionnel par le Spectacle)

## Organisée sur l'Initiative de

# L'ART CULINAIRE

Journal Promoteur-Fondateur des Expositions Culinaires de Paris

**(24e Année)**

*et de l'Ecole Normale Professionnelle de Cuisine*

POUR LE

## CENTENAIRE DE 1806

———

# CARÊME & NAPOLÉON

*Entrevue du Souper de bal à l'Élysée Impérial en 1806*

d'après la " Vie a Table " et Textes et Documents inédits

### de CHATILLON-PLESSIS

Mise en scène de **M. RAYMOND de CEYSSAC**

Dessins et Maquettes de E. TEZIER, Décors de M. CHASSIN Fils

14 Personnages Historiques :

Napoléon, l'Impératrice Joséphine et leur suite,

Carême et ses Aides, Un petit patissier, etc.

———

## SUR LA TABLE DRESSÉE

### Menu de 24 Couverts

(56 pièces)

Reconstitution Complète du Menu de Carême par le

### COMITÉ DU 9e SALON CULINAIRE

( *Voir le Menu page* 18)

# *THÉATRE, FIGURATION*
## *Accessoires, etc.*

Les Costumes, Figures (grandeur nature), meubles, objets d'art; approvissionnement et matériel de la Cuisine et de la Table, avec le concours des costumiers, antiquaires amateurs et directeurs des grandes maisons du Commerce et de l'Alimentation de Paris.

*Collaborateurs principaux :*

Décoration Générale : M. CHASSIN FILS.

Figuration Historique : Maison G. HALLÉ.

Costumes de Cour : L. GRANIER.

Costumes de Cuisine : MM. DUBREUIL et PARMENTIER, (*Aux deux Villageois*).

Fourneau Ancien : Maison J. CUBAIN.

Batterie de Cuisine Ancienne : MM. GAILLARD FRÈRES.

Meubles de Cuisine : V<sup>ve</sup> JEANSON.

Couteaux de Cuisine : M. ANDRÉ (Maison TICHET).

Chaudronnerie : M. E. DUVAL.

Orfèvrerie : M. E. J. BLISS.

Meubles anciens : M. F. SONNET.

Panneaux d'Enseignes sur Laquéine : TH. LUC.

Vins de Bordeaux : JOSEPH UZAC, Propriétaire.

Poterie et Faïences : M. DELESPORT.

Papiers Dentelles : J. PONS.

Fruits et Primeurs, Vins fins : M. L. FONTAINE.

Marasquin de Zara : M. GIROLAMO-LUXARDO.

Epices Diverses : V<sup>ve</sup> BIGNON-PARIANI.

Vitraux d'Art : M. THOMAS fils.

**Objets d'Art, de Style et de Collections particulières.**

avec le Concours de MM. d'ARRIVAL, J. SOMETTE, Lucien PERRET, Stéphan BASSET, W. TELMAN, Robert GRISON, H. LIÉVILLE, CHATILLON-PLESSIS, etc.

*Voir la Notice spéciale :* **Carême et son Temps** (*Bibliothèque de " l'Art Culinaire* ", 4, place Saint-Michel, Paris, et au *Salon Culinaire*), in-12 broché, avec Gravures, Portraits et Autographes par A. ROBIN-DUCELLIER, Préface de CHATILLON-PLESSIS.

Revue Universelle
Paraissant
Le 1er et le 15
de
Chaque
Mois
Chatillon-Plessis
Directeur
L'ART CULINAIRE
NOURRIT
L'UNIVERS
24e ANNÉE
Un An
FRANCE 12 f
Étranger 15 f
Administrateur
E. Rubalel
Atlas Office
Place St. Michel
Entresol Particulier
PARIS
Bureaux
de 2 à 5 h
REVUE des HOTELS
INDISPENSABLE A L'ORGANISATION ET
AU GOUVERNEMENT DES RECEPTIONS
DE BOUCHE DANS TOUS LES PAYS

# CATALOGUE OFFICIEL

DES

## *ŒUVRES EXPOSÉES*

### 1er ÉTAGE

## Groupe Culinaire

# DINER DE 24 COUVERTS

*Composé par A. CARÊME, de Paris* [1]

**AVRIL 1806**

EXÉCUTÉ ET PRÉSENTÉ AU 9e SALON CULINAIRE

**Avril 1906**

*Par le Comité du 9e Salon Culinaire (Hors Concours)*

# MENU DE PRINTEMPS

### Deux Potages

Le riz au blond de veau

Le Potage à l'oseille liée

---

### Deux Relevés

La Pièce de Bœuf à la Maréchale

Le Brochet à la Chambord

---

### Deux Flans

Le jambon à la broche au vin de Madère

La Tête de Veau en Tortue

---

### Douze Entrées

1. Le sauté de Poularde au Suprème, garni de Toulouse.

2. La casserole de riz à la Polonaise.

3. Les Langues de Mouton en papillotes.

4. L'anguille de Seine glacée au four, Sauce tomate.

5. Les perdrix rouges aux choux, garnies de racines.

6. Les ris de veau piqués, glacés aux pointes d'Asperges.

1. Les côtelettes de mouton à la Soubise.

2. Les Poulets nouveaux à l'estragon.

3. La salade de filets de soles à la Magnonnaise.

4. L'épigramme d'agneau à la Macédoine.

5. Le Vol-au-Vent à l'Allemande, quenelle de godiveau.

6. Les aiguillettes de cannetons à la bigarade.

(1) Encien texte

## Deux Grosses Pièces

Le Poupelin glacé

La Chaumière Indienne

---

## Quatre Plats de Rots

La Poularde au cresson.

Les Pigeons bardés.

Le Levreau piqué.

Les Truites au bleu.

---

## Dix Entremets

1. La gelée d'orange moulée.

2. Les Haricots verts à l'anglaise.

3. Les génoises perlées meringuées.

4. Les choufleurs au parmesan.

5. Le pouding Anglo-Français.

1. Les pommes meringuées aux pistaches et au gros sucre.

2. Les asperges sauce au beurre.

3. Les petites bouchées d'abricots.

4. La chicorée en croustades.

5. Le bavarois au moka.

---

## Pour Extras ou Assiettes volantes

Quatre assiettes de Fondus

Quatre assiettes de Petits Soufflés

# TABLE A LA MODERNE

SERVIE AU RESTAURANT

DRESSÉE PAR UN MAITRE D'HOTEL

## N° 46

# DINER DE 6 COUVERTS

## EXÉCUTÉ PAR UN CHEF

*Xérès 1830* — Potage Bortch

Hors-d'œuvres chauds

*Schloss Johannisberg 1873.* — Truite saumonée à la Parisienne
Servie chaude, sauce au vin du Rhin

*Mouton Rothschild 1875.* — Côte de Bœuf braisée à la Maraîchère

*Chambertin 1865.* — Poularde Présidence

*Ruinert père et fils, en Magnum 1889* — Gerbes d'Asperges, sauce Mousseline

*Château-Iquem 1874* — Profiteroles à la Chantilly

Crème Chocolat

*Fine Champagne Napoléon.* — Fruits

## N° 47

# TABLE DE HORS-D'ŒUVRE

*Service à la Russe*

SPÉCIALITÉ DU MAITRE D'HOTEL

## N° 48

### Table des Elèves de la Société des Maîtres d'Hôtels Français

*Dressée par les Elèves Maîtres d'Hôtels*

| N  os | NOMENCLATURE DES ŒUVRES | QUALITÉ DE L'EXPOSANT | NOTES |
|---|---|---|---|
| 49 | Canard à la Moderne................ ..... | 1er aide...... .. | |
| 50 | Pièce montée..................... | Chef............. | |
| 51 | Kiosque garni de sucre cuit, travail à la main sans table chaude............. | Chef confiseur... | |
| 52 | Garniture d'entremet granulé, système salon culinaire .................. .... | Chef confiseur.. | |
| 53 à 62 | 10 sortes de Biscottes variées......... .. | Chef pâtissier. . | |
| 63 | Volaille farcie aux foies gras et truffes ... | | |
| 64 | Faisan farci aux foies gras et truffes..... | Conserves de chef de cuisine..... | |
| 65 | Perdreau farci à la gelée............. | | |
| 66 | Cailles rôties à la gelée. | | |
| 67 | Poularde à la Néva .................. | Aide........... | |
| 68 | Paysage en sucre, relief. ............. | Patron pâtissier. | |
| 69 | Langouste en belle vue............... | 1er aide ........ | |
| 70 | Mousse aux mandarines............... | 2me aide........ | |
| 71 | Canard Rouennais glacé à l'Ecossaise .... | 1er aide......... | |
| 72 | Pieds paquets à la Marseillaise. ....:... | Chef........ .... | |
| 73 | Pigeons à la Napolitaine............. | Chef...... .... | |
| 74 | 1o Album illustré ................... <br> 2o Coupe de petits fours printania....... <br> 3o Chez Médrano .... ............... <br> 4o Glace Neptune.................... <br> 5o Médaillon ⎰ glace royale.. .......... <br> 6o Médaillon ⎱ <br> 7o Bouquet de fleurs, légumes et œufs.... | Hors Concours . | |

| N<sup>os</sup> | NOMENCLATURE DES ŒUVRES | QUALITÉ DE L'EXPOSANT | NOTES |
|---|---|---|---|
| 75 | Poularde à la Parisienne. | Chef. | |
| 76 | 1º Le Temple de l'amour, glace royale... <br> 2º Brioche Mousseline du IXe Salon | Patron pâtissier. | |
| 77 | Poularde à la Néva. | Aide. | |
| 78 | 1º Panier, roses et rubans, sucre. <br> 2º Corbeille de Dalias, sucre. <br> 3º Panier de fleurs variées, sucre. | Hors concours. | |
| 79 | Poularde à la Parisienne. | Aide. | |
| 80 | Coq-en-Pâte. | 2e aide. | |
| 81 | Bœuf fumé à la Roosevelt. | 1er aide | |
| 82 | Poulardes à la Derby. | 1er aide | |
| 83 | 1º Gâteaux délices (gâteaux au curaçao). <br> 2º Gâteau (Audax), (gâteau de voyage)... <br> 3º Truite saumonée à la moderne. | Patron pâtissier. | |
| 84 | Canards à la Présidence, Pièce de buffet. | Chef. | |
| 85 | Truite à la gelée. | Chef. | |
| 86 | Caneton à l'Algérienne. | Chef. | |
| 87 | Chalet Cyrano. | 2e aide. | |
| 88 | 1º Entremet fantaisie. <br> 2º Entremet nouveau siècle... | 1er aide pâtissier | |
| 89 | 1º Cartel. <br> 2º Pot de fleurs. | 1er aide cuisinier | |
| 90 | 1º Pièce de nougat : A Carême. <br> 2º Un grand livre ouvert (le Pâtissier blanc) <br> 3º Un entremet original <br> 4º Kola gâteau à la noix ; Helder, gâteaux à thé, opéra, kolatines, maroquin. | Chef pâtissier. | |

| Nos | NOMENCLATURE DES ŒUVRES | QUALITÉ DE L'EXPOSANT | NOTES |
|---|---|---|---|
| 91 | Envoi de Nice.................... | Apprenti........ | |
| 92 | Le livre d'or de la Mutualité (hommage à M. Gilles) ... ................... | 2ᵉ aide......... | |
| 93 | 1º Une poularde à la Rodrigues......... <br> 2º Une marmite en nougat et pommes de terre . .......... ................. | 1ᵉʳ aide........ | |
| 94 | 1º Cadre de Flandre, glace royale........ <br> 2º Pièce montée en Pastillage d'après les silhouettes Girardin............... | Chef confiseur.. | |
| 95 | Terrine de faisan fabriquée en décembre 1905....................... .... | Chef........... | |
| 96 | Gâteaux secs.... ................... | Patron pâtissier. | |
| 97 | 1º Chaufroix de volaille Houdanaise.... <br> 2º Côtelettes de saumon à l'Italienne..... <br> 3º Timbales de jambon (Auber)......... | Chef........... | |
| 98 | Une Noix de veau à la Russe........... | Chef........... | |
| 99 | Un Suprême de Pommes à la gelée, entremet de cuisine.................... | 1ᵉʳ aide........ | |
| 100 | 1º Un jambon de Prague à la Cambacérès. <br> 2º Une Salade de Poulet à l'Américaine... | Chef. ....... .. | |
| 101 | Un Plateau de Friandises sur socle...... | Patron pâtissier. | |
| 102 | Une Poularde Marie-Louise. ... ....... | 2ᵉ aide..... ... | |
| 103 | Filet de Bœuf Prince Albert ........... | 1ᵉʳ aide ....... | |
| 104 | Une Noix de veau à la Gendarme...... .. | Chef........... | |
| 105 | Canard à la Sévillane................. | Chef........... | |
| 106 | Petites mousses de jambon ............ | 2ᵉ aide......... | |

| Nos | NOMENCLATURE DES ŒUVRES | QUALITÉ DE L'EXPOSANT | NOTES |
|---|---|---|---|
| 107 | Darnes de saumon farcies Coquillère..... | Chef..... ..... | |
| 108 | Poularde farcie Primeure....... ........ | Chef saucier.... | |
| 109 | Poularde à la Moderne ................. | Chef. ......... | |
| 110 | Les « Adorés » ...... ......... ...... | Pâtissier. ..... | |
| 111 | 1° Saumon glacé à la Maconnaise........ 2° Terrines de Ramereaux à la Française. 3° Queues de Langoustes à la Bagration.. | Chef........... | |
| 112 | 1° Pièce de bœuf à la mode de la maison. 2° Salade françoise ................... | 2e aide ........ | |
| 113 | 1° Pièce d'ornement en Pastillage ....... 2° Truite Saumonée à la Russe.. ... ... | Chef·········· | |
| 114 | Un Moulin à vent Glace Royale........ .. | 1er aide pâtissier. | |
| 115 | Gelées de Fruits pouvant être servies chaudes, soit froides. On peut aussi les consommer sous forme de brûlots en les arrosant d'eau-de-vie au goût du consommateur.................. | Chef.......... | |
| 116 | Cellinettes à la Médicis................ | Chef........... | |
| 117 | Un Trophée à la Normande. .......... | Patron......... | |
| 118 | Une Pièce d'ornement en Pastillage...... | Aide........... | |
| 119 | Un Pâté de Mauviettes à la Montsaulnin. | Chef.......... | |
| 120 | Médaillons de Foie gras à la Moderne.. . | Chef.......... | |
| 121 | Une Pièce d'ornement en Pastillage...... | Garçon de cuis°. | |
| 122 | Un Beef Pie ....... ........ ...... | Chef.......... | |
| 123 | Tournedos au nid « Richelieu ».......... | Chef rôtisseur .. | |

| Nos | NOMENCLATURE DES ŒUVRES | QUALITÉ DE L'EXPOSANT | NOTES |
|---|---|---|---|
| 124 | Miss Helyette, pâtisserie . . . . . . . . . . . . . | Chef pâtissier... | |
| 125 | 1º Tartes aux Myrtilles. . . . . . . . . . . . . . | Patron pâtissier. | |
| | 2º Confitures et Gelées de Myrtilles. . . . . . | | |
| | 3º Le Japonais . . . . . . . . . . . . . . . . . . . . . | | |
| 126 | Poularde à la Strasbourgeoise. . . . . . . . . . | Chef. . . . . . . . . . | |
| 127 | Poularde Lavallière. . . . . . . . . . . . . . . . . | Chef . . . . . . . . . | |
| 128 | Une Pièce de Pâtisserie . . . . . . . . . . . . . | Chef. . . . . . . . . . | |
| 129 | Poularde Saint-Cyr . . . . . . . . . . . . . . . . | Chef. . . . . . . . . | |
| 130 | 1º 7 Écussons en glace royale, exécutés avec les silhouettes Girardin. . . . . . . . | Chef pâtissier... | |
| | 2º 1 Chou-fleur ⎱ avec le nouveau moule | | |
| | 3º 1 Chou-pomme⎰ Girardin. . . . . . . . . . . | | |
| 131 | 1º Spoudine de Poisson, plat Russe à la gelée. . . . . . . . . . . . . . . . . . . . . . . . . | Chef. . . . . . . . . | |
| | 2º Pâté de Gibier. froid. . . . . . . . . . . . . . | | |
| | 3º Plat d'œufs à la Française. . . . . . . . . . | | |
| 132 | 1º Chambertin Rotschild. . . . . . . . . . . | Chef. . . . . . . . . . | |
| | 2º Truite à l'Impériale . . . . . . . . . . . . . | | |
| 133 | 1º Kugelhupf du 9e Salon, brioche Alsacienne . . . . . . . . . . . . . . . . . . . . . . . . | Patron. . . . . . . . | |
| | 2º Pain complet à la crème moka. . . . . . . | | |
| | 3º Fleur de Nice. . . . . . . . . . . . . . . . | | |
| | 4º Nid et ses petits. . . . . . . . . . . . . . . . . | | |
| | 5º Collection de Petits fours assortis et biscuits . . . . . . . . . . . . . . . . . . . . . . | | |
| 134 | Côtes de veau Printanière . . . . . . . . . . . . | Chef. . . . . . . . . . | |

| N° | NOMENCLATURE DES ŒUVRES | QUALITÉ DE L'EXPOSANT | NOTES |
|---|---|---|---|
| 135 | 1° Gelée de Mandarines............. ... 2° Gelée Rubanée...................... 3° 4 Assiettes de petits fours glacés et fantaisies... .............. ... ... | 2° aide....... .. | |
| 136 | 1° Pièce de Bœuf à la Souwaroff......... 2° Galantine de Poisson ............ .... 3° Pièce en Pastillage ...... ........ | 1er aide ........ | |
| 137 | 1° Chalet rustique..................... 2° Nougat blanc et pistaches transparent. | Patron........ | |
| 138 | 1° Gelée d'oranges ................... 2° Gelée de pommes ................... | 2° aide......... | |
| 139 | 1° Corbeille de Roses................. 2° Panier de Fleurs assorties........... 3° Panier de Dahlias................. | Patron pâtissier. | |
| 140 | Homards à l'Orientale............... | Chef........... | |
| 141 | Poularde froide garnie de délices à la Rougemont...................... | Chef........... | |
| 142 | Langouste en belle vue............... | 1er aide ........ | |
| 143 | 1° Truite saumonnée à la Chériff Pacha.. 2° Chartreuse d'Ananas Printanière...... 3° 12 Coupes de Gelée de miel au Ruinard | Chef........... | |
| 144 | 2 Gélinottes à la Moscovite............ | Chef........... | |
| 145 | Jambon à l'Impérial.................. | Chef saucier .... | |
| 146 | Chaufroix de Volaille.... ........... | Chef de Partie.. | |
| 147 | Nid d'œufs en surprise............... | 1er aide .. ..... | |
| 148 | Canard à l'Algérienne ... ........... | Chef........... | |
| 149 | Fruits et Primeurs ................... | Hors concours.. | |

| Nᵒˢ | NOMENCLATURE DES ŒUVRES | QUALITÉ DE L'EXPOSANT | NOTES |
|---|---|---|---|
| 150 | 1º Chaufroix de volaille et gibier sur socle en pâte..................... | Patron...... .... | |
| | 2º Suprême de poisson à l'Arlésienne . .. | | |
| 151 | 1º Truite saumonée à la Russe . ........ | Chef... ........ | |
| | 2º Plateau de Hors-d'œuvres variées .... | | |

Déjeuner de Campagne, 4 couverts

—

## MENU

| Nᵒˢ | NOMENCLATURE DES ŒUVRES | QUALITÉ DE L'EXPOSANT | NOTES |
|---|---|---|---|
| 152 | 1º Hors d'œuvre ..................... | | |
| | 2º Consommé froid ................... | Chef garde-manger... ....... | |
| | 3º Œufs glacés à l'estragon.............. | | |
| | 4º Filets de soles à la Escoffier ......... | | |
| | 5º Poulet en fricassée................... | | |
| | 6º Salade panetière..................... | Chef saucier.... | |
| | 7º Gâteau touriste..................... | | |
| | 8º Fruits ............................ | Chef pâtissier... | |
| 153 | Séries de petits fours................... | Chef pâtissier... | |
| 154 | 1º Pâté de saumon à la Paillard........... | Chef garde-manger ......... | |
| | 2º Canneton à la Paillard................ | | |
| 155 | Série de Hors-d'œuvres ................. | 1ᵉʳ aide ........ | |
| 156 | 1º Poularde Lydia..................... | Chef saucier.... | |
| | 2º Domino de filets de soles ............. | | |
| 157 | Journaux et revues culinaires ........... | Hors concours.. | |
| 158 | Aiguillettes de bœuf champenoise ........ | Chef........... | |

| Nᵒˢ | NOMENCLATURE DES ŒUVRES | QUALITÉ DE L'EXPOSANT | NOTES |
|---|---|---|---|
| 159 | Plum-Pudding à l'anglaise................<br>(suite du 143) | Chef......... | |
| 160 | 1º Selle de pré-salé à la Rachel... .......<br>2º Œufs mollets à la Nantua............. | Chef......... | |
| 161 | Gâteau Sainte-Barbe (hommage aux Pompiers de France).................... | 2ᵉ aide......... | |
| 162 | 1º Langoustines à la Baïkal..............<br>2º Tuiles dentelle .......... ............ | Chef......... | |
| 163 | Filets de soles Bagration................. | Apprenti....... | |
| 164 | Langouste à la Parisienne................ | Apprenti....... | |
| 165 | Pièce de pâtisserie en couverture........ | Pâtissier....... | |
| 166 | 1º Galantine de faisan sur socle...........<br>2º Panier de fleurs en cire .. ........ ...<br>3º Pâté de canard monté..... .........<br>4º Galantine de canard .... ...........<br>5º Plat de langues dressées. . .......... | Chef......... | |
| 167 | La Bonne cuisine........... ......... | Hors concours.. | |

*ERRATUM dans les Dons et Médailles*

Montre d'Argent à remontoir (don de M. Alépée, Président du Jury).

# GROUPE COMMERCIAL

## (2^me Étage)

---

## BUFFET. -- CONCERT

# SALON CULINAIRE

## 1906

# Société Anonyme des Faïenceries

## DE CREIL ET MONTERAU

---

## SERVICE DE TABLE HENRI II

### Nouvelle Marque Déposée

# "LABRADOR"

## Émail sans Plomb

---

*Nouveauté tout à fait intéressante en Céramique. Ce produit a non seulement l'avantage d'être exempt de plomb, mais encore d'être d'une solidité bien supérieure à ce qui a été fait jusqu'à ce jour, et d'un aspect très agréable.*

*Cette nouvelle fabrication, en raison de ses propriétés spéciales, est appelée au plus grand succès.*

*Sous peu, l'application de ce nouveau procédé sera générale pour tous les produits de la Société Creil et Montereau.*

# Groupe commercial

M. O. BROS, *Commissaire général.*

**Membres du Jury :**

MM. G. LEPRINCE, *Président.*

L. VIANEY, *Vice-Président.*

A. GARNIER, *Secrétaire-Rapporteur.*

BARBIER.

GAILLARD.

HARLAY.

BESSON.

UBY.

GERMAIN.

BOURDON.

MOUSQUÈS.

RISSET.

BAILLY.

LEROYER, *Délégué spécial.*

# Noms, Adresses et Qualités des Exposants

| | |
|---|---|
| PERRIER, 65, faubourg Saint-Honoré | Charcuterie. Comestibles. |
| MOLLE, 156, Grande Rue, à Alais (Gard) | Morue à la Brandade |
| VERLEY, 14, rue de Lagny, à Vincennes | Bouteilles de bière |
| BELLEMÈRE, 63, rue de Maubeuge | Appareils de cuisine par le gaz |
| DABURON, 12, rue de Vauvillier | Truffes et Foie gras |
| MOUSQUÈS, 119, avenue, Victor-Hugo | Poissons |
| SOCIÉTÉ ANONYME DES FOURNEAUX BRIF-FAULT, 72-74, avenue Parmentier | Fourneaux et appareils de chauffage de cuisine |
| BISSON, 1, rue Turbigo | Beurre et fromages variés |
| FAVIER, à Piousat (Puy-de-Dôme) | Massepins et petits fours |
| GOBINOT, 18, rue Marbeuf | Confitures. Conserves de fruits au naturel et au sirop. Tomates et estragon au naturel |
| HORY, 114, route de Versailles, à Billancourt-sur-Seine | Vin de Spumente (Asti) |
| E. BESSON, 10-12, rue de Paris, à Courbevoie (Seine) | Vins blancs et rouges |
| FAÏENCERIE DE CREIL ET MONTEREAU, G. BEAUR, représentant, 11, rue Bleue | Une table garnie, service Henri II |
| DELAJON, 39, rue de Miromesnil | Spécialité de jambons roulés |
| C. ARTUS, 62, rue Tiquetonne | Pieds paquets, Tripes Marseillaise et conserve |
| GAILLARD Frères, 81, faubourg Saint-Denis | Batterie de cuisine, martellée et glacières |
| VERSTRAETE et Cie, 42, rue Chanzy | Installations complètes, Salle à manger, apparments |
| MAISON DUPONT, BARBIER successeur, 5, rue Comboust | Fruits et Primeurs |
| L. CIEUX, 26, rue Richelieu | Le Poche-Œufs Universel<br>L'Œuf mousseline<br>Le Succulent |
| SOCIÉTÉ DES PRODUITS LAITÉS, 23, boulevard Poissonnière, Paris | Marque EX-KI |

| | |
|---|---|
| La Végétaline, MM. Rocca-Tassy et de Roux, à Marseille. — M. Charles Martin, représentant à Paris, 28, rue Michel-Bizot......... . ......... | Graisse de coco comestible.. ............. |
| Biscuiterie Alsacienne, A. Mondollot, (m) seul dépositaire pour la France, 12, villa Duthy, 99-101, rue Didot, Paris........ | |
| C. Long, 48, rue Vivienne Paris ......... | Glacier ............... |
| C. Pinet, 45, rue des Petits-Champs. ... . | Viandes de boucherie, spécialité d'aloyau, de prés-salés et d'agneaux |
| Vianey Frères, 98, quai de la Rapée...... | Terrines et sauces (conserves)........... |
| M. C. Grandfond, 72, rue de Passy, Paris. | Pièces de buffet et articles de charcuterie)....... |
| M. Burcker Henri, 11, rue Pauquet ...... | Charcuterie et comesmestibles ........... |
| M. G. Beaumesnil, 76 *bis*, rue de la Fédération, Paris...................... | Café brûlé et vert, vanille, riz, huile........... |
| MM. Armand et René Feuillerat, à Margaux, château Marquis de Terme...... | Vins de Marquis de Terme 4e grand cru, classé de Margaux............ |
| M. Guerrier, 48, avenue Victor-Hugo, Boulogne-sur-Seine ................. | Boulangerie, pains ordinaires, pains de fantaisie .......... ..... |
| M. Marius Guillon, 9, place des Ternes... | Distribution de journeaux « *la Cuisine pour tous* » |
| M. F. Hallez, ferme de la Faisanderie, Joinville-le-Pont................. .... | Lait en carafes........... |
| G. Moret, 63, rue de la Sablière, à Courbevoie ........................... | Madère et liqueurs...... |
| Stevens Emile, 88, rue du Bois, à Levallois-Perret..................... | Les « Adorés »......... |
| Maison Louit-Mermet, 6, rue de la Chaussé-d'Antin............... ...... | Volailles, gibiers, spécialité d'agneaux ....... |
| Lait Sanzo, 86, rue Lafayette........... | Lait en poudre, chocolat et café......... .. |
| Julien, place de la Chapelle, 20.......... | Délicieuse crème dite Fleurette Nérélisse ... |

| | |
|---|---|
| Cubain, 7, rue de Bondy.. . . . . . . . . . . . | Glacière. . . . . . . . . . . . . . |
| Chaillet et Mary, 11, rue Bouchardon, et 30, rue de Colombes, Asnières. . . . . . . | 1° Torpille réfrigérante, pour tout dressage et garnitures de glaces et crèmes. . . . . . . . . . . . . . 2° Gaufrier à pâtisserie creuse. . . . . . . . . . . . . . 3° Nouveau moule et contre moule pour croustades . . . . . . . . . . . . . . . |
| Mlle Distel, 129, faubourg Saint-Honoré.. | Le cordon bleu. . . . . . . . |
| Fahy, à Limosin par Saints (Seine-et-Marne) | Fromage coulomier, double crème. . . . . . . . . . . |
| Domaine du Four-en-Vexin, 61, rue Bayen. | Fromage à la crème, dit Fontainebleau . . . . . . . . |
| François Ladain, avenue de Clichy, 74. .. | Beurre et crème. . . . . . . |
| Georges Robert, Ancerville (Meuse). . . . . | Produit divers de charcuterie. . . . . . . . . . . . |
| F. Lataud et Cie, 150, avenue de St-Ouen. | Aspic de porc frais en gelée au vin gris de Lorraine . . . . . . . . . . . |
| J. Raguet, 40, rue d'Assas, Paris.. . . . . . | Fromage à la crème. . . . . |
| M. L. Warenghein, Lannion. . . . . . . . . . | Vins et spiritueux. . . . . . . |
| J. E. Gaillard, 81, faubourg Saint-Denis, à Paris, maison fondée en 1895, chaudronnerie et batterie. . . . . .. . . . . . . . | La batterie composant la cuisine de Carême à l'Hôtel du Prince de Talleyrand, vient des Magasins de la Maison. |

*Samedi 7 Avril 1906*

# CONCERT

## de 2 heures 1/2 à 5 heures 1/2 de l'après-midi

## PROGRAMME

### PREMIÈRE PARTIE

1. **Aux Armes !** Marche............................ A. Bosc
2. **Ronde Lointaine**............................ Ernest Gillet
3. **Ballet de Saint-Antoine**.................. .......... Auvray
4. **Voyage en Chine**, Opéra Comique............. F. Bazin
5. **Valse des Beignets**......................... P. Muller
6. **Mendiant d'Amour**, Aubade................. Goublier

### DEUXIÈME PARTIE

7. **Bonjour, Bonjour !** Marche.................... J. Stoesser
8. **Réponse à Manon**............................ E. Gillet
9. **La Coupe enchantée**, Ouverture.............
10. **La Fille du Tambour Major**, Opéra-Comique.. Offenbach
11. **Bonheur d'aimer**.............................. Tillhès
12. **Vous nous-z-en**............................ Domergue

Orchestre sous la direction de **M. Georges STOESSER**

*LE SOIR, CONCERT, de 8 h. 1/2 à 11 heures*

Piano de la Maison Gaveau

# CONCERT

## de 2 heures 1/2 à 5 heures 1/2 de l'après-midi

## PROGRAMME

### PREMIÈRE PARTIE

1. **Flamberge,** Marche...................................... Auvray
2. **La Flandre**.................................
3. **Rêve du soir..** / **2e Pavane.....** ....................... Ch. Steiger
4. **Les Saltimbanques,** (Opéra comique) Ouverture.. Ganne
5. **Vaines larmes**........................... J. Stoesser
6. **Patrouille des Pantins**....................... Auvray

### DEUXIÈME PARTIE

7. **Le Payraisien**... ...................... Stoesser
8. **Scènes provençales.** ( Les Tambourinaires. / Sous les platanes.... )... Cazeneuve
9. **La Poupée de Nuremberg,** Opéra-Comique..... Adam
10. **Yetta,** Gavotte.............................. Stoesser
11. **Espana**........................... Waldteufel
12. **Bonne nuit,** Retraite............................. Bosc

**Orchestre sous la direction de M. Georges STOESSER**

*LE SOIR, CONCERT, de 8 h. 1/2 à 11 heures*

Piano de la Maison Gaveau

# CONCERT

## de 2 heures 1/2 à 5 heures 1/2 de l'après-midi

## PROGRAMME

### PREMIÈRE PARTIE

1. **Vivandière et Houzards**.......................... A. Bosc
2. **La Fauvette du Temple**, Opéra Comique........ Messager
3. **Menuet**........................................ Lavotta
4. **Le Cheval de Bronze**, Opéra Comique........... Auber
5. **Cœur brisé**.................................. Waldteufel
6. **Veilleurs de nuit**, Ronde...................... A. Bosc

### DEUXIÈME PARTIE

7. **La vieille garde**............................. Domergue
8. **Badinage**, Morceau de genre... .................. A. Bachmann
9. **La Petite Mariée**, Opéra Comique.............. Lecoq
10. **La Mélodie interrompue**................. ... A. van Biene
    Solo de violon, par M<sup>lle</sup> Boutin.
11. **Derniers baisers**........................... A. Maurand
12. **Bonne nuit**, Retraite finale.................... Georges

**Orchestre sous la direction de M. Georges STOESSER**

Piano de la Maison Gaveau

ECLAIRAGE
CHAUFFAGE
PAS DE BONNE CUISINE
SANS BELLEMERE

VILLE DE PARIS

# 6^ME SALON CULINAIRE

Organisé par

## LA SOCIÉTÉ AMICALE " SALON CULINAIRE "

PALAIS DE LA SOCIÉTÉ NATIONALE D'HORTICULTURE DE FRANCE

84, Rue de Grenelle, 84

## CONCOURS

*Professionnel et d'Alimentation*

LES 28, 29 & 30 MARS 1903

## PROMENADE-CONCERT

DIRIGÉ PAR

**M. J. MÊLÉ**, Chef d'Orchestre

PARIS

IMPRIMERIE TYPOGRAPHIQUE, PH. MARQUET

90, Rue des Archives, 90

—

1903

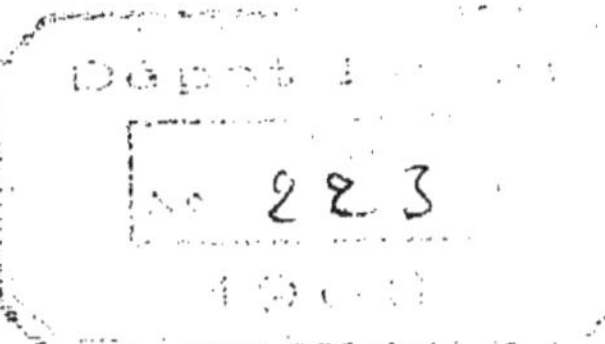

# 6<sup>ME</sup> SALON CULINAIRE

Organisé par

## LA SOCIÉTÉ AMICALE " SALON CULINAIRE "

### PALAIS DE LA SOCIÉTÉ NATIONALE D'HORTICULTURE DE FRANCE

84, Rue de Grenelle, 84

## CONCOURS

*Professionnel et d'Alimentation*

LES 28, 29 & 30 MARS 1903

## PROMENADE - CONCERT

DIRIGÉ PAR

**M. J. MÊLÉ**, Chef d'Orchestre

PARIS

IMPRIMERIE TYPOGRAPHIQUE, PH. MARQUET

90, Rue des Archives, 90

1903

# AVIS

**1ᵉʳ Groupe** (Cuisine, Pâtisserie, Confiserie)

La Société amicale, « Le Salon Culinaire », désirant conserver les traditions gastronomiques invoquées dès le 1ᵉʳ Salon, par M. Docquet, fondateur, prie Messieurs les Exposants d'apporter tous leurs soins à présenter, au Concours, des mets de cuisine ou de pâtisserie *dégustables* et *pratiques*.

Sans exclure la décoration artistique et nécessaire, toutes les préparations culinaires devront rester essentiellement dans le domaine de l'art du bien-manger.

Cette prescription utile est surtout faite en vue de perpétuer la sincère devise de notre grande cuisine nationale, qui fut, est et sera toujours : Faire bon, beau, bien et pratique ?

*Pour le Comité :*

**G. SEVIN**

# GROUPE CULINAIRE

## COMITÉ D'HONNEUR

MM. DOCQUET, A., *Président.*
BARRÉ, L., *Vice-Président.*
ROULLEAU, L., *Vice-Président.*
GODARD, G., *Secrétaire.*
BERTRAND, V., *Syndic.*
DAVER, G., *Syndic.*

## COMITÉ EFFECTIF

MM. SEVIN, G., *Président.*
GILLES, A., *Vice-Président.*
ALLORGE, A., *Vice-Président.*
CHAUSSIN, F., *Secrétaire-Général.*
PALANGUE, P., *Secrétaire-Adjoint.*
GODINEAU, E., *Trésorier-Général.*
SAVETIER, A., *Receveur-Trésorier.*

M. HUBERT, L., *Vérificateur-Général.*

# RÈGLEMENT GÉNÉRAL

## 1er Groupe

Le 1er Groupe comprend le Concours de mets de *Cuisine*, de *Pâtisserie* et de *Confiserie*.

ARTICLE PREMIER. — Les cuisiniers, pâtissiers, confiseurs, chefs, aides et apprentis sont admis à concourir gratuitement.

ART. 2. — Les exposants présenteront leurs travaux d'après un numéro d'ordre qui correspondra au nom de l'exposant. Ce nom ne sera connu que des présidents qui ne doivent, en aucun cas, le révéler aux membres du Jury.

ART. 3. — Après l'apposition des pancartes désignant les récompenses obtenues, le lauréat aura le droit d'ajouter son nom en regard de la distinction acquise.

ART. — Toutes pièces à exposer devront être apportées au Palais de l'Horticulture, le 28 mars, avant dix heures du matin. Avant d'être mises en place, ces pièces seront examinées par la Commission spéciale, qui jugera seule de son adoption ou refus.

ART. 5. — Chaque exposant conserve la propriété de ce qu'il a présenté, à condition que les articles soient enlevés par ses soins. le Mardi 1er Avril, *avant midi*. Dans le cas contraire, ils seront distribués aux pauvres de l'arrondissement.

ART. 6. — Le Jury sera composé de douze membres élus en Assemblée générale, et devra avoir terminé ses opérations le 29 Mars, avant deux heures de l'après-midi.

Art. 7. — Une carte d'entrée personnelle, une carte de service et deux cartes d'invitation seront données à chaque Exposant en même temps que sa feuille d'admission.

Art. 8. — Le prix d'entrée est fixé, le jour de l'ouverture, à **2 francs**, de 2 heures à 5 heures 1/2, et à **1 franc**, à partir de 8 heures et les jours suivants.

Art. 9. — Chaque exposant déclare par son adhésion accepter ce Règlement et se conformer aux décisions du Jury.

Les Récompenses consisteront en

## PRIX ET MÉDAILLES

Et en Diplome de :     **Grands Prix ;**
—     —     **d'Honneur ;**
—     —     **Médailles d'Or ;**
—     —     **Médailles de Vermeil ;**
—     —     **Médailles d'Argent ;**
—     —     **Médailles de Bronze ;**

La Distribution des Récompenses aura lieu le 18 Avril, à huit heures du soir, même salle

### *SUIVIE DE SOIRÉE DANSANTE*

# AVIS

## 2e Groupe (*Alimentation Commerciale*)

Le *Succès* progressif du *SALON CULINAIRE* engage Messieurs les Commerçants de l'Alimentation à prendre une part active à leur Concours annuel, qui aura lieu les 28, 29 et 30 Mars 1903, où ils pourront faire apprécier par un public d'élite la supériorité de leurs produits et y obtenir la juste récompense de leur mérite.

Le Président effectif,

**A. RENUCCI**

# GROUPE COMMERCIAL

## COMITÉ D'HONNEUR

MM. LEPRINCE, *Président.*
BARGE, *Vice-Président.*
GARNIER, *Secrétaire.*
RAYNAL, *Secrétaire-Rapporteur.*

## COMITÉ EFFECTIF

MM. RENUCCI, *Président.*
DELESPORT, *Vice-Président.*
LEGRY, *Vice-Président.*
ROGER, *Secrétaire.*
MALLET, *Commissaire-Organisateur.*

# RÈGLEMENT GÉNÉRAL

## 2ᵉ Groupe (Alimentation commerciale)

Le 2ᵉ Groupe comprend l'alimentation solide, soit : *Boulangerie, Boucherie, Charcuterie, Poissonnerie, Volailles et Gibiers, Légumes, Fruits et Primeurs, Beurre, Œufs, Fromages, etc.* ; en général, tous les produits fondamentaux de la cuisine.

Toutes les conserves alimentaires; toutes les boissons, *Vins* de tous crus, *Bières* de toutes brasseries, *Cidres, Liqueurs, Eaux minérales, etc.* ;

L'exposition permanente de tous meubles de cuisine : *Fourneaux, Poteries, Vaisselle et Batterie de cuisine, Vêtements professionnels, Outils et Ustensiles divers,* qui, à quelque titre que ce soit, peuvent être utilisés dans le travail de l'alimentation.

ARTICLE PREMIER. — L'emplacement occupé par chaque exposant **est fixé à 60 fr. le mètre,** *installation et décoration comprises.*

La décoration étant uniforme, chaque exposant peut user de son initiative privée pour agrémenter son exposition à son goût et à ses frais.

ART. 2. — **Les groupes collectifs des chambres syndicales** de l'Alimentation pourront traiter à forfait pour leurs emplacements respectifs.

ART. 3. — **Les produits et marchandises exposés restent** la propriété exclusive de l'exposant.

ART. 4. — **Toute installation devra être terminée à** 10 heures du matin le jour de l'ouverture du Salon.

Art. 5. — Malgré la plus active surveillance des gardiens préposés aux étalages, le Comité décline toute responsabilité.

Art. 6. — Le paiement des emplacements s'effectuera conformément aux conditions mentionnées sur le bulletin d'admission.

Art. 7. — Tous les produits exposés devront être enlevés par MM. les exposants le 1er avril avant midi.

Art. 8. — Le jury sera composé de douze membres choisis par voix d'élection.

Art. 9. — Par le fait de la signature du bulletin d'admission, MM. les Exposants reconnaissent accepter les règlements ci-dessus et se conformer aux décisions du jury.

Art. 10. — Une carte d'entrée personnelle, une carte de service et deux cartes d'invitation seront remises à chaque exposant en même temps que son bulletin d'admission.

Les Récompenses consisteront en

## PRIX ET MÉDAILLES

Et en Diplome de : **Grands Prix ;**
—       —       **d'Honneur ;**
—       —       **Médailles d'Or ;**
—       —       **Médailles de Vermeil ;**
—       —       **Médailles d'Argent ;**
—       —       **Médailles de Bronze.**

La Distribution des Récompenses aura lieu le 18 Avril, à huit heures du soir, même salle.

### *SUIVIE DE SOIRÉE DANSANTE*

*Le Prix d'Entrée est fixé, le jour de l'ouverture, à **2** francs, de 2 h. à 5 h. 1/2 et à **1** franc, à partir de 8 h. et les jours suivants.*

# LE SALON CULINAIRE

## SOCIÉTÉ AMICALE
### FONDÉE PAR A. DOCQUET EN 1898

# 8ᴱ CONCOURS

## PROFESSIONNEL & D'ALIMENTATION

### ORGANISÉ

PAR UN COMITÉ DE CHEFS DE CUISINE,
LA SOCIÉTÉ DES MAITRES D'HOTELS FRANÇAIS,
ET DE NOTABLES COMMERÇANTS

**Sous la Présidence d'honneur de M. CABARET**, C✳
Directeur au Ministère de l'Agriculture

# CATALOGUE OFFICIEL

## CONCERT
Sous la Direction de M. J. MELÉ
PIANO DE LA MAISON GAVEAU

PARIS
Imprimerie Typographique Ph. MARQUET
90, Rue des Archives, 90 (IIIᵉ)
—
**1905**

# LE SALON CULINAIRE

SOCIÉTÉ AMICALE

FONDÉE PAR A. DOCQUET EN 1898

## 8ᴱ CONCOURS

### PROFESSIONNEL & D'ALIMENTATION

ORGANISÉ

PAR UN COMITÉ DE CHEFS DE CUISINE,
LA SOCIÉTÉ DES MAITRES D'HOTELS FRANÇAIS,
ET DE NOTABLES COMMERÇANTS

**Sous la Présidence d'honneur de M. CABARET**, C ✳

Directeur au Ministère de l'Agriculture

# CATALOGUE OFFICIEL

## CONCERT

Sous la Direction de M. J. MELÉ, ❡

PIANO DE LA MAISON GAVEAU

PARIS

Imprimerie Typographique Ph. MARQUET

90, Rue des Archives, 90 (IIIᵉ)

—

**1905**

# COMITÉS D'HONNEUR

MM. CABARET, C. ✳, *Directeur au Ministère de l'Agriculture.*

DUTEY-HARISPE ✳, *Administrateur-délégué du
" Petit Journal ".*

O. BROS, *Fondateur.*

VERCHAIN, *Président de la Société des Maîtres
d'Hôtel Français.*

<table>
<tr><td>

**GROUPE CULINAIRE**
MM.

A. GILLES, *président ;*
E. GODINEAU, *vice-président ;*
L. HUBERT, *vérificateur ;*
G. GODARD, *commissaire orga-
nisateur.*

</td><td>

**GROUPE COMMERCIAL**
MM.

G. LEPRINCE, *président ;*
A. BARGE, *vice-président ;*
A. GARNIER, *secrétaire ;*
G. REYNAL, *rapporteur.*

</td></tr>
<tr><td>

**COMITÉ**
**EFFECTIF CULINAIRE**
MM.

G. SEVIN, *président ;*
L. THOMAS, *vice-président ;*
A. DORÉ, *vice-président ;*
G. SALAIN, *secrétaire général ;*
P. MORENNE, *secrétaire-adj. ;*
L. TRIBAULT, *trésorier génér.*
V. BERTRAND, *Syndic ;*
F. LHOPITAL, *commissaire or-
ganisateur.*

</td><td>

**COMITÉ**
**EFFECTIF COMMERCIAL**
MM.

RENUCCI, *président ;*
LEGRY, *vice-président ;*
PETITPAS, *vice-président ;*
PILLAUT, *secrétaire ;*
MIÉVILLE, *secrétaire adjoint ;*
HÉRICOURT, *rapporteur ;*
HUTIER, *syndic.*

</td></tr>
</table>

## COMITÉ DES MAITRES D'HOTEL FRANÇAIS
### Commission spéciale

<table>
<tr><td>

MM. ROLLIN, *président.*
CUIDET.
MARIE.
MOREAU.

</td><td>

MM. PETIT.
BENOIST.
DOLET.

</td></tr>
</table>

# *MEMBRES DU JURY*

## Groupe Culinaire

MM. ALÉPÉE, Lucien, *Président*.
DELAFOY, Georges, *Vice-Président*.
COVILLE, Aristide, *Secrétaire*.
DENIAU, Charles, *Secrétaire-Adjoint*.
MITTON, Gustave.
COUSSÉGAL.
FÉVÉ, Louis.
MONTAGNÉ.
MICHEL (Strasbourg).
RISSET, Albert.
UBY, Rose.
SOURIS, Émile.

*Suppléants.*

MM. ROGER, Ismael.
BOURDON, Lucien.

## Groupe Commercial

MM. KLEY, *Président*.
MIÉVILLE, *Vice-Président*.
ROGER, *Secrétaire*.
CLAIN et PERRIER.
GAILLARD.
GRÉGOIRE.
HARLAY.
VINCENT.
VAVASSEUR.
VIANEY Frères.
BAILLY.

*Suppléant.*

M. SCHALL.

# Aux Visiteurs et aux Exposants

## DU 8ᵉ SALON

Persévérants vers leur but bien défini de Concours pratique, les organisateurs du *Salon Culinaire,* toujours en quête de solliciter l'expression du progrès, soucieux des principes immuables de la glorieuse Cuisine française, et respectueux des maîtres qui ont honoré la profession en l'élevant à la hauteur d'un art indispensable, remercient, au seuil de ce 8ᵉ concours, les visiteurs qui, par leur empressement et leur assiduité, encouragent, non seulement leurs efforts, mais leur assurant le succès, les obligent à chercher de toujours mieux faire.

Merci aussi à nos collaborateurs anonymes, ouvriers désintéressés de l'œuvre commune, qui, par leurs travaux savamment présentés et exécutés avec un soin jaloux, donnent à notre concours le rayonnement de leur éclat, digne auréole de la fête gastronomique que nous avons voulu organiser au nom de l'Art Culinaire et de la Charité.

Pour le Comité :

*Le Président,*

G. SEVIN.

# MÉDAILLES & DONS

OFFERTS

## AUX LAURÉATS

# MÉDAILLES ET DONS OFFERTS AUX LAURÉATS

DU

## 8ᵉ SALON CULINAIRE

2 Médailles d'Or, valeur de 100 fr. chaque, par la Société de Secours Mutuels *La Persévérance*.

3 Médailles par le SYNDICAT DES CRÉMIERS DE PARIS.

4 Médailles d'Or de 100 fr. par la Société LE SALON CULINAIRE.

1/4 d'Obligation de la Ville de Paris, par M. RENUCCI, pour un premier Aide.

1 Médaille de Vermeil, par l'UNION DE LA CHARCUTERIE.

1 Médaille de Vermeil, par la Société de Secours Mutuels des MAITRES D'HOTEL FRANÇAIS.

1 Médaille d'Argent, par la Société de Secours Mutuels des MAITRES D'HOTEL FRANÇAIS.

1 Médaille de Bronze, par la Société de Secours Mutuels des MAITRES D'HOTEL FRANÇAIS.

1 Médaille de Vermeil, par M. GILLES.

1 Médaille de Vermeil, par M. SEVIN.

1 Médaille de Vermeil, par M. THOMAS.

1 Médaille de Vermeil, par M. GODINEAU.

1 Médaille de Vermeil, par M. MARGOTTIN.

1 Médaille de Vermeil, par M. BARGE.

1 Médaille de Vermeil, par M. L. HUBERT.

1 Médaille de Vermeil, par M. DORÉ.

1 Médaille de Vermeil, par M. DUPRÉ.

6 Médailles de Vermeil, par le COMITÉ CULINAIRE.

6 Médailles d'Argent, par le COMITÉ CULINAIRE.

1 Médaille d'Argent, par M. MARQUET.

1 Médaille d'Argent, par UN AMI DU SALON,

1 Gaîne garnie, manche buffle, don de M. MALGAT.

1 Médaille d'Argent, par M. MERMET.

1 Médaille de Vermeil, par M. GUYOT.

1 Médaille de Vermeil, par UN AMI DU SALON.

1 Médaille de Vermeil, par M. REDOUIN.
Don de M. Jules TIERCELIN, 40 francs.

2 Objets d'Art, par M. VERCHAIN, Président de la Société des MAITRES D'HOTEL FRANÇAIS.

1 Objet d'Art, par M. SEVIN, Président du SALON CULINAIRE.

1 Nature morte, par l'auteur, M. SALAIN.

2 Médailles de Vermeil, par M. HARLAY.

1 Médaille d'Argent, par M. MICHEL.

1 Livret de Caisse d'épargne, par Mme la Comtesse C...

1 Médaille de Vermeil, par M. DUMOGET.

2 Objets d'Art, par M. DELAUNAY.

1 Objet d'Art, par M. DELAUNAY-LÉVEILLÉ.

1 Objet d'art, par M. FÉLIX CHAPON.

1 Gaîne d'honneur, par M. MARCEL LEMIRE.

1 Livret de 25 francs, DON ANONYME.

1 Livret de 25 francs, DON ANONYME.

1 Don de la Maison BRIFFAULT.

1 Livret de 10 francs, par M. MÉRY.

1 Livre, *Grande Cuisine*, de P. Montagné, par M. TANTOT.

*Les Médailles décernées aux Lauréats, en plus de ces dons, seront offertes par la Société Amicale et Philanthropique Le Salon Culinaire.*

---

**Nota**. — Les Dons et Médailles sont catalogués suivant leur ordre d'inscription.

# CATALOGUE OFFICIEL

DES

## ŒUVRES EXPOSÉES

# CATALOGUE OFFICIEL

DES

# ŒUVRES EXPOSÉES

## 1er Groupe

**Nos 1.** — 1º Pavillon chinois......  ..............
2º Pièce orientale, glace royale.............

**2.** — Pièce de Buffet : Aspic à la Gauloise garni de mousselines à la Rachel et de médaillons à la Louisette..............................

**3.** — Côtes d'agneau à la Choiseul................

**4.** — 1º Croûte de Vol-au-Vent. .....  ...........
2º Croûtes de Bouchées...  ................
3º Croûtes de Timbales...  .....  . .......

**5.** — Quenelles de volaille en belle-vue. ..  ........

**6.** — 1º Gâteau breveté (Le Royal).....  ...  ....
2º Truite sur socle .......  .........  ......
3º Buste allégorique, fleurs en sucre .......

**7.** — 1º Panier de Dalhias...................  ....
2º Envoi de Roses.....................
3º Envoi de Violettes ..........  ...........
4º Panier de fleurs ...................  ..

**8.** — Noix de veau à la Renaissance..............

<table>
<tr><td>Qualité de l'Exposant</td><td>NOTES</td></tr>
<tr><td>Chef de maison<br>Hors concours</td><td></td></tr>
<tr><td>Chef de cuisine<br>Hors concours</td><td></td></tr>
<tr><td>Aide de cuisine</td><td></td></tr>
<tr><td>Aide de cuisine</td><td></td></tr>
<tr><td>Aide de cuisine</td><td></td></tr>
<tr><td>Chef de maison</td><td></td></tr>
<tr><td>Chef de maison</td><td></td></tr>
<tr><td>Chef de cuisine</td><td></td></tr>
</table>

*Nomenclature des œuvres exposées (Suite)*

**N<sup>os</sup> 9.** — 1º Filets de soles à la Tendyck..............

2º Gâteau (Suzanne)......................

**10.** — Gâteau (Saint-Firmin) ......................

**11.** — 1º Revue de Châlons par l'Empereur de Russie.
(Glace Royale) ........................

2º Hommage au *Petit Journal*, pâtisserie......

**12.** — Carpe demi-deuil...... ... ...............

**13.** — Jambon de Prague à la Cambacérès.... ......

**14.** — 1º Chaud froid de canard...................

2º Son foie gras au naturel.................

3º Bavaroise de fraises à la Royale...........

**15.** — 1º Poularde froide à la Vladimir.. ...........

2º Bonbonnière Louis XV garnie de fleurs en
sucre Sacareux......................

**16.** — Côtes de bœuf à la Nivernaise..............

**17.** — Truite à la Montmorency....................

**18.** — 1º Canard à la Moscovite...................

2º Pêches à la Melba.....................

**19.** — Le Complet de Paris, entremet à déguster.....

**20.** — Fleurs en mie de pain faites à la main servant
à la décoration de socles et pièces montées..

| Qualité de l'Exposant. | Notes. |
| --- | --- |
| Aide de cuisine | |
| Chef de maison | |
| Chef de cuisine<br>Hors concours | |
| Chef de cuisine | |
| Chef | |
| 1er Aide | |
| Aide de cuisine | |
| Chef de cuisine<br>Hors concours | |
| 2e Aide de cuisine | |
| Aide de cuisine | |
| Chef de maison | |
| Chef | |

*Nomenclature des œuvres exposées (Suite)*

**N**os**21.** — Vitrine de sucre cuit travaillé à la main sans
table chaude......................................

**22.** — Coq en pâte..........................    .......

**23.** — 1º Poussins à la Giscours, sauce Porto, pour
être servis chauds.........................
2º Suprême à l'orange pour être servi glacé..

**24.** — Ris de veau farcis à la Moderne, entrée chaude.

**25.** — 1º Monument de la place de la République,
travail au cornet, glace royale......... .
2º Façade de l'hôtel du *Petit Journal*, glace
royale..................................
3º Médaillon du président Émile Loubet, glace
royale. ...............................
4º Médaillon du roi Edouard VII, glace royale.
5º Tableau de genre, glace royale.... .......
6º Collection de sujets miniature, glace royale.

ENTREMETS :

7º Porte bonheur....................... .  ..
8º Taximètre..... ...........  ..............
9º Une partie de dominos ................ .
10º Boîte d'emballage......  ...............

**26.** — Turban de filets de soles à la Gambetta........

**27.** — 1º (Cuisine flamande) Waterzooi de volaille...
2º (Cuisine hongroise) Gulyas de bœuf........
3º (Cuisine française) Sauté de veau à la Va-
lencienne....................... ..

| Qualité de l'Exposant. | Notes. |
| --- | --- |
| Chef confiseur | |
| 2ᵉ Aide | |
| Aide | |
| Chef | |
| Hors concours | |
| Chef de cuisine | |
| Chef saucier | |

Qualité de l'Exposant.

*Nomenclature des œuvres exposées (Suite)*

**N<sup>os</sup> 28.** — 1° Noix de veau soufflée glacée à l'Epicurienne.
2° Filets de soles à la Yvette Guilbert....... ..
3° Plat de hors-d'œuvres variés.............

**29.** — Pièce de buffet dressée sur socle d'œufs soufflés :
1° Pièce rustique sucre et glace royale au cornet.
2° La musique, pièce en pâte d'amandes et sucre tiré.............................

### ENTREMETS :

3° L'écossais............................ .. .....
4° Le printanier... .................... .... ....
5° L'archiduc.......... ........ ...... .... ...

6° Petit Fours variés.....................

**30.** — 1° Corbeille de fleurs en légumes............
2° Poularde glacée à la Néva...............

**31.** — Salade à la Richelieu .....................

**32.** — Poularde à la Parisienne..... ............ ..

**33.** — L'*Art Culinaire*, 23° année, 4, place St-Michel.
Collection-bibliothèque professionnelle........

**34.** — 1° La Brioche du 8° Salon. .................
2° Petits Fours.........................

| *Qualité de l'Exposant.* | *Notes.* |
| --- | --- |
| Chef garde-manger | |
| Chef pâtissier | |
| Chef de cuisine | |
| Apprenti | |
| Chef | |
| Hors concours | |
| Chef de maison | |

*Nomenclature des œuvres exposées (Suite)*

**N⁰ˢ 35.** — Série de salades composées :
    1° Salade à la Française.....................
    2°      —      Bourguignonne................
    3°      —      Marinoni . ...................
    4°      —      Alsacienne....................
    5°      —      Marguerite.... ..... ... .....
    6°      —      Bagration....................
    7°      —      Malgache...... .. ...
    8°      —      Georgette........ ...........
    9°      —      Bavaroise.................. ..
    10°      —      Vénitienne...................
    11°      —      Arlésienne...................
    12°      —      Hongroise ............... ..
    13°      —      Catalane.....................
    14°      —      Américaine............. .....
    15°      —      Normande.................. .
    16°      —      Parisienne..... ........... ..
    17°      —      Espagnole......... ....... ..
    18°      —      Australienne .................

**36.** — Table de 18 couverts dressée à la Moderne ....

**37.** — Automobile en pastillage ...............  ...  ...

**38.** — Pâté de volaille à la broche .................

**39.** — 1° Volaille en galantine ...............  ...
    2° Galantine truffée........ ..... .......
    3° Hure aux pistaches.....................

**40.** — Poularde de la Bresse, glacée................

| *Qualité de l'Exposant.* | *Notes.* |
| --- | --- |
| Chef de cuisine | |
| *Société des Maîtres d'Hôtels Français* | |
| Chef de maison | |
| 1<sup>er</sup> Aide | |
| Chef | |
| Chef<br>Envoi de Montpellier | |

*Nomenclature des œuvres exposées (Suite)*

**N<sup>os</sup> 41.** — 1° Gâteau Napolitain. .....................  ·
2° Gâteau Châteaubriand.....................
3° Panier de fleurs en sucre ................

**42.** — Darne de Saumon à la Montpensier.. ........  ·

**43.** — Poularde à la Moscovite.. .............  ·

**44.** — Poulets en entremets.......................
Demi-poulets moule Girardin................

**45.** — Pièce de buffet..... ................. ·· ......
L'Ermitage du gastronome................

**46.** — Truite glacée à la Hollandaise........ ......  ·

**47.** — Jambon à la Strasbourgeoise. .............  ·

**48.** — Alexandra-Cake..................... .. · ·

**49.** — 1° Pavillon rustique, glace royale ............
2° Œufs de Pâques au nid, entrée froide ......

**50.** — 1° Canard à l'ancienne.....................
2° Truite à la Norvégienne...................
3° 2 corbeilles en pastillage..................

**51.** — 1° Fleurs pour décoration culinaire, procédé
Pont...................................
2° Sole Normande en Chaufroid.............

**52** — Buffet des élèves de la Société des Maîtres
d'hôtels Français ...................... ·

| *Qualité de l'Exposant.* | *Notes.* |
| --- | --- |
| Chef de maison | |
| Chef | |
| Chef | |
| Professeur à l'Ecole des Élèves de la *Société des Ouvriers Confiseurs.* | |
| Hors concours | |
| 2e Aide | |
| 1er Aide | |
| 1er Aide | |
| Chef | |
| 1er Aide de cuisine | |
| Chef | |
| Maîtres d'hôtels | |

**N<sup>os</sup> 53.** — 1º Grand Livre de la physiologie du goût.....
2º Entremets fantaisie, Minot et Minette ......
3º Assiettes (Helder), nouveau dessert........

**54.** — Darnes de truite aux fruits de mer........ ......

**55.** — 1º Coffret de roses en sucre ...... ...........
2º Entremet aux fraises dédié au *Petit Journal*.
3º Petits fours assortis à déguster par le Jury..
4º Cornets de jambon Mimosa...............

**56.** — 1º Chalets en glace royale sur rocher.........
2º Coquille en sucre, garnie de roses .........

**57.** — 1º Mousse de homards Alexandra............
2º Croustades Houdanaises (hors-d'œuvre)....
3º Laurier Moka (entremet)..................

**58.** — Pâté de canard à la Cambacérès.. ..........

**59.** — Suprêmes à la Bressoise....................

**60.** — Pièce de bœuf à l'ancienne mode............

**61.** — 1º Le Lafayette (entremet)..................
2º Le Washington (entremet)..............
3º Artichauts Frédéric-Charles (entrée froide).
4º Œufs Fédora (entrée froide) .............

**62.** — Chaud-froid d'œufs de foie gras............

| Qualité de l'Exposant. | Notes |
|---|---|
| Chef de maison | |
| Chef | |
| Chef de maison | |
| Chef pâtissier | |
| Chef | |
| Aide de cuisine | |
| (Ne concoure pas) | |
| Chef | |
| Chef | |
| Aide | |

**N**ᵒˢ**63**. — 1º Montpensier.........................

2º Suprêmes .......................

3º Livre d'or nougat et biscuits.........

4º Jacques Iᵉʳ, silhouette Gérardin, finie en cornet.........................

5º Souvenir.........................

6º Fours glacés Pompadour, chocolat ...

7º      —      Turquoise, kirsch, vanille, chocolat ...................

8º Fours glacés Cyrano, café...........

9º      —      Elenas.....  ...........

10º      —      Mathurins.........  ...

PATISSERIE

## HORS-D'ŒUVRE VARIÉS FROIDS

**64**. — Canapés à la Souwaroff.................

**65**. — Pannequets à la Westphalienne.........

**66**. — Petits cendrillons printaniers...........

**67**. — Tomates Moscovites ...................

**68**. — Artichauts à la Turque.................

**69**. — Paupiettes de Fécamps.. .. ..........

**70**. — Filets d'anchois à la Cettoise............

**71**. — Olives à la Montpelliéraine.............

**72**. — Barquettes à la Néva.............. . .

**73**. — Cœurs de Céleris à la Dijonnaise .. ... .

**74**. — Œufs de Vanneau à l'ivoire....  ........

**75**. — Crevettes à l'Armoricaine .............

**76**. — Mousses de laitances.................

**77**. — Moules à la Phocéenne....  ..........

**78**. — Côtelettes de Thon à la Tartare ....... .

**79**. — Queues d'Écrevisses à la Victoria .......

**80**. — Demoiselles de Caen à l'estragon.......

**81**. — Truffes à la Royale........  ... . .

**82**. — Mousses d'Écrevisses à la Russe .. ......

HORS CONCOURS

| Qualité de l'Exposant. | Notes. |
| --- | --- |
| Pâtissier |  |
| Chef de Cuisine |  |

*Nomenclature des œuvres exposées (Suite)*

N<sup>os</sup> 83. — Filets de petits Dieppe au Sauterne....

84. — Suprêmes de fruits de mer ..........

85. — Royans au beurre de Montpellier......

86. — Filets de Rougets marinières,.........

87. — Rognons de Coqs à la Talleyrand......

88. — Langues de Lapereaux à l'Estouffade..

89. — Crêtes de coqs au Champagne ........

90. — Petits Aspics de Crevettes roses à la Printanière................................

91. - Saucissons de Morue aux Truffes. ....

92. — Cervelles de Lapereaux Saint-Hubert..

93. — Brochettes d'Huîtres à la Richelieu ....

94. — Œufs de Pigeons à la Roosevelt...... .

95. — Aiguillettes à la Vénitienne..........

96. — Allumettes aux Anchois..............

97. — Petites Brioches de Strasbourg....... .

98. — Côtelettes à la Nantua................

99. — Ballotines à l'Aurore........ ......

100. — Canapés Henri-IV..................

101. — Crême d'Oursins à la Marseillaise ... .

102. — Petits pains à la Norwégienne........

103. — Tartelette de Morilles à la Diable......

104. — Tronçons d'Anguilles à la Vallée du Lys

105. — Langues de Veau à l'Écossaise........

106. — Salade de Clovisses à la Martigaux ....

107. — Salmigondis de Carême.............

108. — Cassolettes de Champignons à la Ducale

109. — Truites de rivière au Cary...........

110. — Choux rouges à l'Américaine........

111. — Oreilles de Veau à la Vauclusienne....

112. — Plateau nouveau dessert, dit : Le petit Fabre.

113. — 1° Carpe à la Roumaine................

2° Canetons au puits d'amour ..........

3° Ananas fraisalia....................

| *Qualité de l'Exposant.* | *Notes.* |
| --- | --- |
| Chef de cuisine | |
| Chef pâtissier | |
| Chef de cuisine | |

*Nomenclature des œuvres exposées (Suite)*

Nᵒˢ **114**. — Train en nougat — Express-International...

**115**. — 1º Délice Légin...  ....  ......................
       2º Gâteau Moderne........... .........
       3º Biscuits assortis.,.....................
       4º Petits Fours variés.....................

**116**. — L'Entremet Botha ......................

**117**. — Pâtisseries Perchoises.......... .. .......

**118**. — Aiguillettes de Volaille-Jeannette  ...... ...

**119**. — Coq-en-Pâte.................. .........

**120**. — 1º Selle de veau à la Royale............ .
       2º Langue de bœuf à l'Alsacienne.. .... ..

**121**. - - 1º Manuel des Gourmets (Entremet)........
       2º Six assiettes de petits fours ...... .... .

**122**. — 1º Apprêt d'œufs pochés froids......... .
       2º     —    ..........
       3º     —    ...........
       4º     —    ..........

**123**. — Pâté de Saumon................ ........

**124**. — Filet de bœuf Chartrain à la Persévérance...

| Qualité de l'exposant. | Notes. |
| --- | --- |
| Chef | |
| Chef de Maison | |
| Chef Pâtissier | |
| Chef de Maison | |
| Chef de Cuisine | |
| Chef de Cuisine | |
| Chef | |
| 2e aide | |
| Chef garde manger au Grand Hôtel | |
| — | |
| — | |
| — | |
| Chef Pâtissier au Grand Hôtel | |
| Chef de Cuisine | |

**125.** — Série de Petits Gâteaux pour Plateau de
restaurant .............................

**126.** — Tourteaux à la Russe ..... .............  .

**127.** — 1° Truite Saumonée à la Néva............
2° Gâteau Châtelain .......... ...........

| Qualité de l'Exposant. | Notes. |
| --- | --- |
| 2e Pâtissier au Grand Hôtel | |
| Chef de Cuisine | |
| Chef de Cuisine | |

# GROUPE COMMERCIAL

## DES

# EXPOSANTS

# GROUPE COMMERCIAL

| | |
|---|---|
| Jean BAILLY | Rue de la Michodière, 8. |
| BATTANDIER | Romoulins (Gard). |
| DELESPORT | Place de la Madeleine, 25. |
| DELANNAY-DROULERS | A Vimereux. |
| CANAS | Place de la Bourse, 9. |
| COIGNARD | Rue Boissy-d'Anglas, 37. |
| TARETAZ | Rue des Charbonniers, 8. |
| DABURON, Frères | Rue Vauvilliers, 12. |
| FEGLI | Rue Marbeuf, 14 *bis*. |
| GAILLARD | Faubourg St-Denis, 81. |
| L. MAISON | Faubourg St-Honoré, 22. |
| L. PILLAUT | Place de la Madeleine, 29. |
| PERRIER | Faubourg St-Honoré, 65. |
| DUPUIS | Faubourg du Temple, 36. |
| MALGAT | Rue Coquillière, 1. |
| VINCENT | Place de la Madeleine, 25. |
| VIANEY, Frères | Quai de la Rapée, 98. |

# EXPOSANTS

Huiles.

Galettes.

Faïences.

Boulangerie-Pâtisserie.

Vins, Spiritueux.

Vins et Liqueurs.

Vins.

Truffes, Foie gras.

Volailles.

Chaudronniers.

Vins.

Vins, Liqueurs (*Hors Concours*).

Charcutier.

Poissons.

Vestes.

Conserves.

Pâtés.

| | |
|---|---|
| CLAIN et PERRIER............ | Boulevard St-Germain, 238. |
| GRÉGOIRE............... | Faubourg St-Honoré, 111. |
| Abbé MASSE............. | Beuvraignes (Somme). |
| Veuve NADIER............. | Boulevard Flandrin, 48. |
| Mathilde GROSZ........... | Avenue Malakoff, 86. |
| MOURQUES.............. | Avenue Victor-Hugo, 119. |
| M. LEGRY.............. | Rue Miromesnil, 2. |
| VAN DEM KERKLOVE...... | Rue Boissy-d'Anglas, 43. |
| BISCUITERIE BRUXELLOISE. | Faubourg Poissonnière, 191. |
| Ed. BORDIER............. | Rue de la Glacière, 87. |
| L. CHARRETIER......... | Boulevard Raspail, 2. |
| M. DUVAL............. | Rue St-Didier, 70. |
| M. FONTAINE........... | Rue du Marché-St-Honoré. |
| M. CABAIN............ | Rue de Bondy, 7. |
| M. DUTENS............ | Montargis. |
| M. Jean AZÉMA......... | Rue Théophile-Gauthier, 10. |
| A. RAYMOND........... | A Saint-Estèphe (Médoc). |
| LEBRUN (Directeur)...... | Rue de la Folie-Méricourt, 94. |
| BRIFFAULT............ | Avenue Parmentier, 72 et 74. |

Faïences (Hors concours).

Biscottes.

Liqueur Melina.

Confiserie, Vanille, Patisserie (3 Melons
  et 10 Pêches).

Conserves en entier.

Poissons.

Chaudronnerie.

Bouteilles de luxe.

Tartines flamandes, Biscottes, Petits-
  fours.

Andouilles bretonnes.

Ustensils en aluminium.

Chaudronnerie.

Conserve alimentaire.

Glacière.

La liqueur " La Gâtinaise ".

Extrait de Café, Vanille, Thé.

Vins du Château Mac-Carthy.

Monofiltre à café.

Fourneaux de cuisine.

# CONCERT de 2 h. 1\2 à 5 h. 1\2 de l'après-midi

## PROGRAMME

### PREMIÈRE PARTIE

1. **Sous l'Aigle double,** marche.          WAGNER
2. **Poëte et Paysan,** Ouverture ..          SUPPÉ
3. **La Paloma habanera**........          CORBIN
4. **Faust,** Fantaisie......... .....          GOUNOD
5. **Cavalleria Rusticana** Entr'acte          MASCAGNI
6. **Méli-Mélo**..................          J. MÉLÉ
*Solo pour petite flûte*

### DEUXIÈME PARTIE

7. **Kodack-March**.............          J. MÉLÉ
8. **Trio sur Mignon**...........          AMB. THOMAS
9. **Clair de Lune,** Valse.........          FÉTRAS
10. **La fille de M<sup>me</sup> Angot,** fantaisie          LECOCQ
11. **Rose Mousse,** Intermezzo.....          A. BOSC
12. **Gare ! l'Auto ! ! !,** Galop ......          J. MÉLÉ

**Orchestre sous la direction de J. MÉLÉ**

*LE SOIR — CONCERT de 8 h. 1/2 à 11 heures*

PIANO DE LA MAISON GAVEAU

*Lundi 8 Mai 1905*

# CONCERT de 2 h. 1\2 à 5 h. 1\2 de l'après-midi

## PROGRAMME

### PREMIÈRE PARTIE

1. **Le Régiment en Marche**....　　　　P. LINCKE
2. **Guillaume-Tell**, Ouverture....　　　ROSSINI
3. **Eveillez-vous,** Sérénade en
　　pizzicati.... ............　　　　　DÉSORMES
4. **L'Arlésienne**, Fantaisie......　　　BIZET
5. **Gavotte des Mignons**.....　　　　J. MÊLÉ
6. **Hylda**......... .... .. ...　　　　REYNAUD
　　　　*Solo de Piston*

### DEUXIÈME PARTIE

7. **Berceuse de Jocelyn**........　　　B. GODARD
　　　　*Solo de Violoncelle*
8. **3ᵐᵉ Marche aux Flambeaux**　　　MEYERBEER
9. **Grand'Maman**, Rêverie... ...　　LANGER
　　　　*pour deux violons*
10. **Page amoureuse**, 1ʳᵉ audᵒⁿ ..　　J. MÊLÉ
11. **Carmen**, Fantaisie... . .....　　BIZET
12. **Retraite Espagnole**. ........　　RUIZ DEL PORTAL

---

**Orchestre sous la direction de J. MÊLÉ**

*LE SOIR — CONCERT de 8 h. 1/2 à 11 heures*

PIANO DE LA MAISON GAVEAU

# CONCERT de 2 h. 1\2 à 5 h. 1\2 de l'après-midi

## PROGRAMME

### PREMIÈRE PARTIE

1. **Cordialement**, Marche........        Perpignan
2. **La Poupée de Nuremberg**
   Ouverture...................        Adam
3. **Fleurs de Vienne**, Valse....        J. Mêlé
4. **Les Dragons de Villars**
   Fantaisie.................. .        Maillart
5. **Stéphanie**, Gavotte... . ...        Izibulka
6. **Lune de Miel**........ .....        Lignier
   *Solo de Piston*

### DEUXIÈME PARTIE

7. **Hiawatha**..... ...... ...        Neil-Moret
8. **Trio de Manon**......... ...        Massenet
9. **Sérénade de Mandolines**..        Désormes
10. **Les Cloches de Corneville**
    Fantaisie...............        Planquette
11. **Perle-Fine**.......... .....        J. Meyer
    *Solo de petite flûte*
12. **La Patrouille Turque**. ...        Michaëlli

**Orchestre sous la direction de J. MÊLÉ**

Piano de la Maison Gaveau

Imprimerie MARQUET, 90, rue des Archives, 90.